Inhalt

Mädchen und Junge	2	Ein Bild nach Anweisungen anmalen
Herr Eisbär	3	Einem ABC-Gedicht Buchstaben richtig zuordnen
Der Kater Fidibus schläft	4	Fachwörter kennen lernen: Buchstabe, Silbe, Wort, Zeile, Satz, Absatz
Der Kater Fidibus hat Angst	5	Fachwörter kennen lernen: Text, Überschrift
Ballfuß oder Fußball?	6	Richtige und falsche Wortzusammensetzungen unterscheiden
Mondgesicht oder Mundgesicht?	7	Falsche Buchstaben in Wörtern auffinden
Kati liest alles mit o	8	Wörter mit veränderten Buchstaben lesen
Jedes Mal etwas anders!	9	Sätze mit veränderten Wörtern lesen
Blindekuhspiel	10	Immer länger werdende Wörter lesen
Der Deckel auf dem Topf	11	Verschiedene Schriften lesen, Sätze Bildern zuordnen
Die Katze – Der Kuckuck	12	Zwei ineinander geschriebene Texte entflechten
Mein Tier …	13	Texte Bildern zuordnen
Bandwurmsätze	14	Einzelne Wörter erkennen, Wortgrenzen kennzeichnen
Ziegen und Katzen	15	Pausenzeichen setzen, Sätze erkennen, Lesen üben
Die Geburtstagsfeier	16	Einzelne Sätze mit einem Text vergleichen
Linien, Punkte und Kreise	17	Zeichen nach Anweisungen zeichnen und ordnen
Mäusejagd im Garten	18	Reimwörter in einen Text einsetzen
Lesen zu zweit	19	Lesen mit verteilten Rollen: sprechen und zuhören (1)
Lesen zu zweit	20	Lesen mit verteilten Rollen: sprechen und zuhören (2)
Zwei Kugeln Eis	21	Fragen aus einem Text beantworten
Stundenpläne	22	Informationen aus einer Tabelle ermitteln, Tabellen vergleichen
Frühstück in der Klasse	23	Informationen aus einem Text ermitteln
Welcher Satz passt?	24	Texten die passenden Sätze zuordnen
In der Klasse	25	Die richtigen Wörter aus dem Kontext ermitteln
Wildschweine (1)	26	Textabschnitte Bildern zuordnen
Wildschweine (2)	27	Texte vergleichen, Fehler finden
Unsinnverse	28	Lesen mit Gefühl, zum emotionalen Sprechen ermuntern
Jeden Morgen	29	Fantasiewörter aus dem Kontext erraten
Wörtersuchspiel	30	Das richtige Wort aus einem Satz möglichst rasch finden
Spitze und Pudel	31	Eine Zungenbrecher-Geschichte üben
Lösungen	32	

Mädchen und Junge

1. Male die beiden Kinder und die Tiere an.
   Aber genauso, wie es hier steht:

   Junge:
   Die **Hosen** sollen **blau** sein.
   Das **Hemd** soll **grün** sein.
   Die **Schuhe** sollen **schwarz** sein.

   Mädchen:
   Die **Hosen** sollen **blau** sein.
   Der **Pulli** soll **rot** sein.
   Die **Schuhe** sollen **braun** sein.

   Hund:
   Der **Hund** soll **braun** sein.

   Katze:
   Die Katze soll **schwarze Streifen** haben.

2. Male dem **Jungen** die **Kappe** an, wie du willst.
   Zeichne dem **Mädchen Ohrringe** und lange **Haare**.

2   Ein Bild nach Anweisungen anmalen

Herr Eisbär

_____ Herr Eisbär tanzt im Schnee.

_____ Er tanzte wie noch nie.

_____ Er tanzte furchtbar schnell.

_____ Da fiel er auf den Po.

_____ Im Wasser liegt der Herr!

_____ Da lachte seine Frau:

_____ „Das war mal richtig nett!"

A, B, C, D, E

F, G, H und I

J und K und L

P und Q und R

M und N und O

S, T, U und V

W, X, Y und Z

1 Lies die Zeilen oben erst einmal durch.

2 Kannst du beim Lesen hören, wie das ABC da hineinpasst?

3 Schreibe die Buchstaben des ABCs in der richtigen Reihenfolge in die leeren Zeilen.

4 Lies jetzt das ABC-Gedicht, bis du es auswendig kannst.

Einem ABC-Gedicht Buchstaben richtig zuordnen

Der Kater Fidibus schläft

Das ist ein **Buchstabe**: K
Das ist eine **Silbe**: Ka
Das ist ein **Wort** aus zwei **Silben**: Ka-ter
Das ist ein **Wort** aus fünf **Buchstaben**: Kater

1 Trage in die leeren Zeilen die Wörter und die Zahlen ein:

Das ist ein _____: F

Das ist eine _____: Fi

Das ist ein Wort aus _____ Silben: Fi-di-bus

Das Wort hat _____ Buchstaben: Fidibus

Das ist ein **Satz** aus vier **Wörtern** und eine **Zeile** mit einem **Satz**: Der Kater Fidibus schläft.

Das ist ein **Absatz** aus vier **Sätzen**:
Der Kater Fidibus schläft.
Da kommt der Dackel Fips.
Er sieht den Kater.
Er schnuppert an ihm.

2 Lies den Absatz vor.

3 Beantworte diese Fragen und schreibe die Zahlen dahinter:

a) Wie viele **Buchstaben** hat das Wort „Fips"? _____

b) Wie viele **Silben** hat das Wort „Dackel"? _____

c) Wie viele **Wörter** hat der letzte Satz? _____

d) Wie viele **Zeilen** hat der Absatz? _____

4 Fachwörter kennen lernen: Buchstabe, Silbe, Wort, Zeile, Satz, Absatz

Der Kater Fidibus hat Angst

Das ist ein **Text** aus zwei **Absätzen**:

_____
Der Kater Fidibus schläft.
Da kommt der Dackel Fips.
Er sieht den Kater. Er schnuppert an ihm.

Auf einmal wacht Fidibus auf.
Er macht einen Buckel.
Da wird Fips wütend. Er bellt den Kater an.
Der klettert vor Angst auf einen Baum.

1 Lies den Text vor.

2 Beantworte diese Fragen und schreibe die Zahlen dahinter:

   a) Wie viele **Sätze** hat der zweite Absatz? _____

   b) Wie viele **Zeilen** hat der zweite Absatz? _____

3 Welche **Überschrift** passt zu dem Text? Unterstreiche sie.

   a) Der Dackel und der Baum

   b) Der Kater und der Dackel

   c) Fips hat Angst

4 Schreibe die passende Überschrift in die leere Zeile über den Text.

5 Welches der beiden Bilder passt zu dem Text? Male es an.

Fachwörter kennen lernen: Text, Überschrift   5

Ballfuß oder Fußball?

Ballfuß		Spielzeug	
Fuß**ball**		Zeugspiel	
Beintisch		Torwart	
Tischbein		Warttor	
Schulranzen		Türschloss	
Ranzenschule		Schlosstür	
Obstsalat		Wörterbuch	
Salatobst		Buchwörter	
Herdplatte		Hofschule	
Plattenherd		Schulhof	
Suppengemüse		Futterhund	
Gemüsesuppe		Hundefutter	
Handtasche		Schirmregen	
Taschenhand		Regenschirm	

1 Male die gleichen Wortteile in einer Farbe an.

2 Lies die Wörter aufmerksam.
Entscheide dann: richtig oder falsch?
Male den Ball hinter dem richtigen Wort an.

6 Richtige und falsche Wortzusammensetzungen unterscheiden

Mondgesicht oder Mundgesicht?

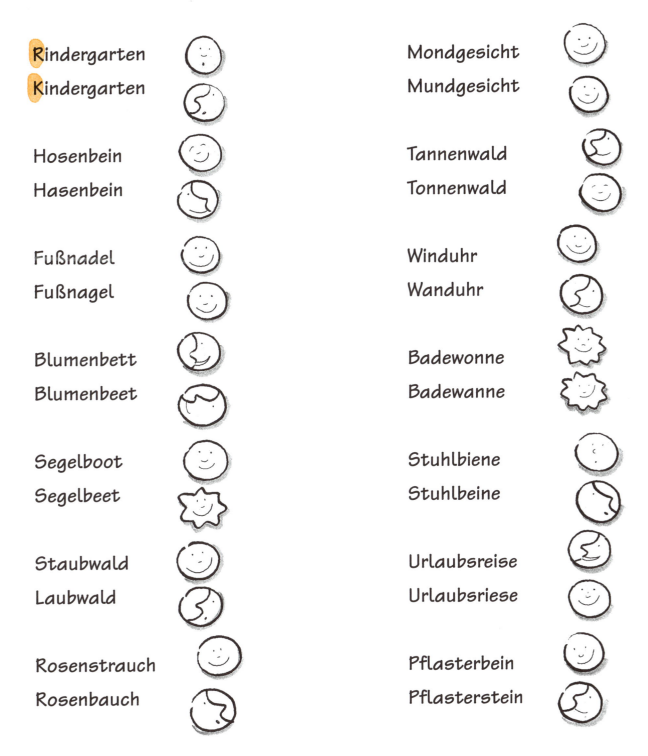

 Male die Buchstaben an, die sich verändert haben.

 Lies und entscheide dich für das richtige Wort.
Male dann das Mondgesicht hinter dem richtigen Wort an.

Falsche Buchstaben in Wörtern auffinden

Kati liest alles mit o

Aus Beet macht sie Boot.

Aus tat macht sie tot.

Aus Tanne macht sie T____nne.

Aus Wanne macht sie W____nne.

Aus Hasen macht sie H____sen.

Aus Rasen macht sie R____sen.

Aus haha macht sie h____h____.

Aus Papa macht sie _____.

1. Lies dir erst einmal selber vor, was Kati aus den Wörtern macht.
2. Schreibe dann die Buchstaben an die leeren Stellen.
3. Jetzt lies das Ganze noch einmal vor.
   Weißt du, was Wonne ist? Wenn nicht, dann schlage auf Seite 32 nach.

Was für ein Unsinn!	Und so ist es wirklich:
Die Hosen spielen	_____
unter einer Tonne	_____
auf dem Boot	_____
und fressen Rosen.	_____

4. Schreibe in den leeren Zeilen richtig auf, was hier gemeint ist.
   Drei Wörter haben in Wirklichkeit ein **a** und eins hat ein **ee**!

8 Wörter mit veränderten Buchstaben lesen

Jedes Mal etwas anders!

Der Opa fegt den Gartenweg rein.
Der Opa legt den Gartenweg rein.

Mutter schneidet mit der Rosenschere Rosen.
Mutter schneidet mit der Rosenschere Rasen.

Oma legt den Topfdeckel auf den Topf.
Oma legt den Topfdeckel auf den Kopf.

Vater schneidet mit dem Küchenmesser in das Hasenbein.
Vater schneidet mit dem Küchenmesser in das Hosenbein.

Heiko sitzt in seinem Zimmer und schreibt.
Heiko sitzt in seinem Zimmer und schreit.

Pauline liegt mit Schnupfen im Bett und niest.
Pauline liegt mit Schnupfen im Bett und liest.

1 Lies diese Sätze einmal vor.

2 Lies dir jetzt die Sätze genau durch.
   Unterstreiche in jedem Absatz die Wörter, die anders sind.

3 Schau dir die Bilder an.
   Zu einem Bild gibt es einen Satz, zu dem anderen gibt es keinen.
   Male das richtige Bild an.

Sätze mit veränderten Wörtern lesen

Blindekuhspiel

Spiel

Kuhspiel

Blindekuhspiel

Taschen

Taschentuch

Papiertaschentuch

Papiertaschentuchpackung

Rad

Fahrrad

Fahrradhelm

Pfanne

Eierpfanne

Eierpfannkuchen

Eierpfannkuchenberg

Hand

Handschuhe

Fingerhandschuhe

 1 Ergänze die fehlenden Silbenbögen.

 2 Suche dir ein anderes Kind. Lest euch die Wortgruppen abwechselnd vor.

Immer länger werdende Wörter lesen

Der Deckel auf dem Topf

1. Der Deckel liegt auf dem Topf.
2. Der Dackel liegt auf dem Topf.
3. Der Deckel fliegt auf den Kopf.
4. DER DACKEL FLIEGT AUF DEN KOPF.
5. **Der Deckel liegt auf dem Kopf.**
6. Der Dackel fliegt auf dem Topf.
7. Der Deckel fliegt auf den Topf.
8. **Der Dackel liegt auf dem Kopf.**

1 Hier sind Sätze in verschiedenen Schriften.
Kannst du sie vorlesen? Versuche es einmal.
Die Sätze sind immer etwas anders!

2 Welcher Satz gehört zu welchem Bild?
Schreibe die Zahl zu dem Bild.
Aber aufgepasst: Ein Bild ist ganz falsch!
Schreibe zu diesem Bild die Zahl 0.

Verschiedene Schriften lesen, Sätze Bildern zuordnen

Die Katze – Der Kuckuck

ABC, die Katze lief im Schnee.

Der Kuckuck auf dem Zaune saß.

Als sie wieder raus kam,

hat sie weiße Stiefel an.

Es regnet sehr, und er wurd' nass.

Da kam der liebe Sonnenschein.

Da ging der Schnee hinweg.

Der Kuckuck wurde hübsch und fein.

Da lief die Katz im Dreck.

In diesem Gedicht sind zwei Gedichte versteckt.
Das eine ist ein Gedicht über die Katze,
das andere ist ein Gedicht über den Kuckuck.

1. Lest zu zweit das Ganze genau durch.
   Unterstreicht zuerst mit Bleistift,
   welche Zeilen zum Katzengedicht gehören.

2. Vergleicht dann, was ihr unterstrichen habt.
   Beachtet: Zum Katzengedicht gehören fünf Zeilen!

3. Lies jetzt erst die unterstrichenen Zeilen des Katzengedichtes vor
   und dann die anderen Zeilen des Gedichts vom Kuckuck.

4. Bist du sicher, dass alles stimmt?
   Dann unterstreiche das Katzengedicht mit einem gelben Stift
   und das Kuckucksgedicht mit einer anderen Farbe.

Zwei ineinander geschriebene Texte entflechten

Mein Tier ...

Mein Tier kann fliegen.
Wenn es mir über die Nase läuft,
kitzelt es.
Schwimmen kann es nicht.

Mein Tier kann auch fliegen.
Aber wenn du nicht aufpasst,
dann kann es dich stechen.

Mein Tier kann auch fliegen.
Es baut sich ein Nest im Baum
und legt Eier.
Am liebsten frisst es
Gummibärchen.

Mein Tier kann auch fliegen.
Es kann quaken.
Und es kann sogar schwimmen.

Ich glaube,
ein Kind hat
einen Quatschsatz
gesagt!

1 Welches Kind spricht von welchem Tier?
Ziehe eine Linie von dem Kind zu dem Tier.

2 Und welches Kind hat einen Quatschsatz gesagt?
Streiche diesen Satz durch.

Texte Bildern zuordnen   13

Bandwurmsätze

MIT|SEINEM|RÜSSEL|PFLÜCKTDERELEFANTBLÄTTER
VONDENBÄUMEN. ☺ ☹

DASMEERSCHWEINCHENHATLANGEHAARE
UNDLEBTIMMEER. ☺ ☹

AUSRAUPENWERDENBUNTESCHMETTERLINGE. ☺ ☹

DIEGIRAFFENSTAMMENVOMAFFENABUND
KLETTERNAUFBÄUME. ☺ ☹

DASKLEINEKÄNGURUKRIECHTNACHDERGEBURTIN
DIEBAUCHTASCHEDERMUTTER. ☺ ☹

1. Schau dir die Bandwurmsätze genau an.
   Erkennst du die Wortgrenzen?
2. Trenne die Wörter mit einem dicken senkrechten Strich.
3. Lies jetzt jeden Satz noch einmal und entscheide:
   wahr ☺ oder nicht wahr ☹ ?

14 Einzelne Wörter erkennen, Wortgrenzen kennzeichnen

Ziegen und Katzen

Ziegen können meckern

Ziegen können meckern und bellen
können Hunde und Kühe muhen
und brüllen die Fische
können schwimmen und Fliegen
können fliegen die Katzen
aber können miauen und kratzen.

Zwei Katzen

Zwei Katzen habe ich in einem Glas
da habe ich zehn Fische in einem Käfig
sitzt mein Hamster auf einem Baum
vor dem Haus singen Vögel und das Kaninchen
sitzt in seinem Ställchen mein Pudel
bellt manchmal laut meine Schildkröte
krabbelt in einem Karton der Löwenmann
sieht mich aus meinem Bilderbuch an.

1. Lies diese Texte einmal Zeile für Zeile vor.
Mache am Ende jeder Zeile eine kleine Pause.
Das kommt dir bestimmt komisch vor!

2. Lies die Texte jetzt noch einmal genau durch.
Mache immer dort eine Pause, wo es richtig ist.
Ziehe einen Pausenstrich, wo du eine Pause beim Lesen machst:

Ziegen können meckern | und bellen

können Hunde | und Kühe muhen ...

Die Geburtstagsfeier

Montag, 23. Juni

Hallo Emma,

ich lade dich zu meinem Geburtstag
am 26. Juni ein.
Bitte komm um 16.00 Uhr.
Bei schönem Wetter gehen wir ins Freibad.
Bring bitte deine Badesachen mit.
Die Feier endet um 19.00 Uhr.
Lass dich von deinen Eltern abholen!

Deine Hanna

1. | Emma / Hanna / Anna | hat Geburtstag. Sie wird | sieben / acht / neun | Jahre alt.

2. Sie hat im | Frühjahr / Sommer / Herbst | Geburtstag.

3. Sie feiert am | Dienstag / Donnerstag / Sonntag | ihren Geburtstag.

4. Die Kinder sind | um 15.00 Uhr / um 18.00 Uhr / um 16.00 Uhr | eingeladen.

5. Sie können | drei / vier / fünf | Stunden feiern.

6. Nach der Feier | werden alle Kinder nach Hause gebracht. / übernachten alle Kinder bei Hanna. / werden die Kinder abgeholt.

1 Woher weißt du, wie alt Hanna wird?

2 Schau dir die Einladung genau an.

3 Lies die Sätze und entscheide, welche Angaben richtig sind.
Markiere sie in deiner Lieblingsfarbe.

Einzelne Sätze mit einem Text vergleichen

Linien, Punkte und Kreise

1	Das sind senkrechte Linien:
2	Das sind waagerechte Linien:
3	Das sind gebogene Linien:
5	Das ist die Familie der Punkte:
6	Das ist die Familie der Kreise:

	1. Spalte	2. Spalte	3. Spalte	4. Spalte
1. Reihe		≈		
2. Reihe			=	
3. Reihe				
4. Reihe	•			

 Fülle die Tabelle so aus:

a) Male in der dritten Reihe in die vierte Spalte drei kleine Punkte.
b) Male in der vierten Reihe in die zweite Spalte einen großen Kreis.
c) Male in der zweiten Reihe in die erste Spalte vier waagerechte Linien.
d) Male in der dritten Reihe in die zweite Spalte drei senkrechte Linien.
e) Male in der zweiten Reihe in die vierte Spalte zwei gebogene Linien.
f) Male in der vierten Reihe in die dritte Spalte drei gleich große Kreise.
g) Male in der dritten Reihe in die erste Spalte eine dicke gebogene Linie.
h) Male in der ersten Reihe in die dritte Spalte eine senkrechte und eine waagerechte Linie.
i) Male alle leeren Felder gelb an.

Zeichen nach Anweisung zeichnen und ordnen

Mäusejagd im Garten

Voller Neugier guckt 'ne Maus

nachts aus ihrem Loch _____ .

Die Katze sitzt vor diesem Loch

und denkt bei sich: Dich krieg ich _____ !

Die Maus sieht das und kriegt 'nen Schreck,

und schwupps, da ist sie wieder _____ .

Die Katze sitzt im dunklen Garten

und denkt bei sich: Ich kann ja _____ !

Da denkt die kleine graue _____ :

Ich krieche anderswo hinaus.

Die Katze vor dem _____ ,

die wartet heute immer noch.

1 In diesem Gedicht fehlen alle Reimwörter.
Versuche einmal, sie beim Vorlesen einzusetzen.
Das sind sie:

   warten · Maus · weg · heraus · Mauseloch · noch

2 Schreibe jetzt die Reimwörter in die leeren Zeilen.

3 Lies nun das ganze Gedicht noch einmal vor.

18   Reimwörter in einen Text einsetzen

Lesen zu zweit

 Diese Gedichte müsst ihr zu zweit lesen.
Du bist das schwarze Kind, das andere ist das gelbe Kind.
Deine Zeilen stehen auf dieser Seite.
Die Zeilen des gelben Kindes stehen auf der Rückseite.
Du liest die erste Zeile, das gelbe Kind liest die nächste Zeile auf der Rückseite.
Ihr müsst euch gut zuhören, denn ihr könnt ja nicht mitlesen,
was das andere Kind sagt.

Und jetzt fängst du an:

Der Hamster Plusteback

Das ist der Hamster Plusteback.

Im Käfig sitzt er in der Ecke.

Du kannst ihn stupsen, ihn berühren.

Doch plötzlich rappelt sich der Flegel

Das ist der Hamster Plusteback.

Bei der zweiten Strophe fängt das gelbe Kind an und du antwortest ihm:

Der treibt so manchen Schabernack.

Da kriecht er die Gardine rauf.

turnt er auf der Gardinenstange.

Du kannst ihn nicht mehr runterkriegen.

Der treibt am liebsten Schabernack.

Lesen mit verteilten Rollen: sprechen und zuhören (1)   **19**

Lesen zu zweit

 Diese Gedichte müsst ihr zu zweit lesen.
Du bist das gelbe Kind, das andere ist das schwarze Kind.
Deine Zeilen stehen auf dieser Seite.
Die Zeilen des schwarzen Kindes stehen auf der Rückseite.
Ihr müsst euch gut zuhören,
denn ihr könnt ja nicht mitlesen, was das andere Kind sagt.
Du hörst, was das schwarze Kind liest.
Und dann antwortest du ihm:

Der Hamster Plusteback

Der treibt so manchen Schabernack.

Er schläft und rührt sich nicht vom Flecke.

Er tut, als würde er nichts spüren.

und beißt dir in die Fingernägel.

Der treibt am liebsten Schabernack.

Bei der zweiten Strophe fängst du zu lesen an:

Das ist der Hamster Plusteback.

Du spielst mit ihm und passt nicht auf.

Und schon, es dauert gar nicht lange,

Er bleibt dort oben einfach liegen.

Das ist der Hamster Plusteback.

20   Lesen mit verteilten Rollen: sprechen und zuhören (2)

Zwei Kugeln Eis

Elias steht vor dem Kiosk.

Er möchte sich zwei Kugeln Eis kaufen.

Aber welches Eis soll er nehmen?

Da gibt es Vanille-Eis, Erdbeer-Eis, Schokoladen-Eis,

Walnuss-Eis und Zitronen-Eis.

Elias denkt:

Walnuss-Eis mag ich nicht so gern,

Zitronen-Eis ist mir zu sauer,

Schokoladen-Eis haben wir im Eisschrank zu Hause selber.

„Also", sagt Elias, „geben Sie mir bitte zwei Kugeln Eis!"

Der Eisverkäufer sagt:

„Was für ein Eis möchtest du denn?

Vanille-, Erdbeer-, Schokoladen-, Walnuss- oder Zitronen-Eis?"

Welche Sorten Eis lässt sich Elias wohl geben?

1. Lies den Text ganz genau durch.
2. Unterstreiche im **ersten Absatz** alle Eissorten, die es am Kiosk gibt.
3. Unterstreiche jetzt im **zweiten Absatz**, welche Eissorten Elias nicht haben möchte.
4. Streiche dann im **dritten Absatz** alle Eissorten durch, die Elias nicht will.
5. Jetzt weißt du, welche beiden Eiskugeln sich Elias kauft.
   Schreibe auf, was sich Elias geben lässt:

_____ und _____

Fragen aus einem Text beantworten   21

Stundenpläne

Das ist der Stundenplan der Klasse 2a:

Zeit	Montag	Dienstag	Mittwoch	Donnerstag	Freitag
1. Stunde	Deutsch	Religion	Deutsch	Mathe	Religion
2. Stunde	Mathe	Deutsch	Musik	Sachunterricht	Deutsch
3. Stunde	Sachunterricht	Kunst	Mathe	Sport	Sachunterricht
4. Stunde	Kunst	Kunst	Sachunterricht	Sport	Mathe
5. Stunde	Sport	Mathe		Deutsch	

1 Lies im Stundenplan der Klasse 2a nach.
Schreibe die Unterrichtsfächer in die leeren Zeilen:

Dienstag, 4. Stunde: _____

Montag, 3. Stunde: _____

Donnerstag, 4. Stunde: _____

Dienstag, 5. Stunde: _____

Freitag, 1. Stunde: _____

Mittwoch, 2. Stunde: _____

Montag, 1. Stunde: _____

2 Schau jetzt auch in deinem eigenen Stundenplan nach und trage die Ergebnisse in die Tabelle ein.
So viele Stunden haben die Kinder der 2a und ich in der Woche:

Fach	Deutsch	Musik	Mathe	Sachunterricht	Sport	Kunst
2a						
ich						

3 Vergleiche deinen Stundenplan mit dem der Klasse 2a. Was ist anders?

22 Informationen aus einer Tabelle ermitteln, Tabellen vergleichen

Frühstück in der Klasse

Die Klasse 3a plant ein gesundes Frühstück.
Die Lehrerin schreibt an die Tafel,
was die Kinder essen möchten.
Alle Kinder schreiben sich auf einen Merkzettel,
was sie mitbringen wollen.
Jan schreibt auf seinen Zettel Müsli.
Nadia will Gurken und Tomaten mitbringen.
Manus entscheidet sich für Milch und Quark,
Leon für Ananas und Birnen
und Nathalie für Möhren und Äpfel.
Niklas will den Orangensaft und den Jogurt besorgen.
Auf Pinas Zettel stehen Bananen und Vollkornbrot.
Timur ist an diesem Tag krank.
Er möchte gerne wissen, was er braucht
und mitbringen kann.

1 Schreibe einen Merkzettel für Timur:

– _____   – _____

– _____   – _____

– _____   – _____

Informationen aus einem Text ermitteln

Welcher Satz passt?

Das soll ein Segelschiff sein?
Tobi: „Was malst du denn da?"
Carla: „Ein Segelschiff."
Tobi: „Das soll ein Segelschiff sein?"
Carla: „Ja, genau."
Tobi: „Das sieht ja aus wie ein Fisch!"
Carla: „Das ist aber ein Segelschiff."
Tobi: „Hast du denn schon mal ein Segelschiff gesehen?"

1 Tobi und Carla sprechen miteinander.
Zuletzt sagt Carla noch einen Satz. Welchen wohl?
Schreibe den Namen Carla vor den Satz, den sie gesagt hat:

_____: „Ja, auf dem Blauen See. Da segeln immer ganz viele."

_____: „Ja, bei uns im Gartenteich, da haben wir Goldfische."

2 Lest jetzt einmal dieses Gespräch mit verteilten Rollen.

Meine Freundin?
Sina: „Wie findest du Katarzina?"
Britt: „Ich weiß nicht. Die ist immer so komisch."
Sina: „Komisch? Ich finde sie ganz nett."
Britt: „Na ja, nett ist sie ja. Aber manchmal spinnt sie ein bisschen."
Sina: „Die ist nur etwas schüchtern!"
Britt: „Zu mir hat sie noch nicht ein einziges Wort gesagt!"
Sina: „Die kann noch nicht richtig Deutsch. Du musst eben mit ihr reden!"
Britt: „Ich? Sie soll erst einmal Deutsch lernen!"

3 Wer von den beiden hat wohl am Schluss den folgenden Satz gesagt?
Schreibe die Namen davor:

_____: „Ich möchte sie jedenfalls nicht zu meiner Freundin haben!"

_____: „Ich glaube, die könnte einmal meine Freundin werden."

4 Lest jetzt auch dieses Gespräch mit verteilten Rollen.

Texten die passenden Sätze zuordnen

In der Klasse

Die Kinder sitzen in der Klasse. Jonas hört zu.
Niklas malt. Sofie schreibt.
Jana liest etwas vor. Die Lehrerin passt auf alle auf.

_____ fragt Sofie: „Kannst du mir mal deinen lila Buntstift geben?"

_____ sagt: „Hier hast du ihn."

_____ sagt zu Jana: „Du musst lauter lesen, sonst verstehe ich nichts."

_____ schreit: „Es war einmal ein König!"

_____ ruft dazwischen: „Lies doch leiser! Du störst mich beim Schreiben!"

_____ sagt: „Ich muss so laut lesen. Jonas versteht sonst nichts."

_____ sagt: „Was ist denn da los? Streitet euch doch nicht!"

_____ sagt: „Hier hast du deinen lila Stift wieder. Danke!"

_____ schimpft: „Da ist ja die Spitze abgebrochen!"

_____ sagt: „Macht nichts. Mein Bild ist schon fertig!"

1. Lies zuerst einmal durch, was die Kinder sagen. Vielleicht kannst du schon erraten, wer etwas sagt.
2. Schreibe in die leeren Zeilen, wer spricht.
3. Lies jetzt den ganzen Text vor.
4. Ihr könnt dieses Gespräch auch mit verteilten Rollen lesen.

Die richtigen Wörter aus dem Kontext ermitteln

25

Wildschweine (1)

① Wildschweine erkennt man an ihrem Fell aus grau-schwarzen Borsten und dem großen keilförmigen Kopf. Sie haben kleine schwarze Augen.

◯ Die Männchen nennt man Keiler, die Weibchen Bachen. Die Bachen bauen für ihren Nachwuchs eine Art Nest aus Gestrüpp und Gräsern.

◯ Nach vier Monaten werden die Frischlinge geboren. Sie haben in den ersten Wochen nach der Geburt ein längs gestreiftes, gelb-braunes Fell. Das Fell ist eine Tarnung der Jungtiere. Damit passen sie sich den Laubwäldern an.

◯ Bei der Futtersuche pflügen die Wildschweine mit ihrer rüsselförmigen Nase den Boden um. Sie sind Allesfresser und auf ihrem Speiseplan stehen Eicheln, Bucheckern, Würmer, Insekten, Mäuse, Pilze, Gras, Wurzeln, Früchte und Samen.

1 Lies die Informationen zum Wildschwein aufmerksam durch.

2 Welche Textstelle gehört zu welchem Bild? Ordne jedem Abschnitt ein Bild zu, indem du immer zwei gleiche Zahlen in die Kreise schreibst.

Wildschweine (2)

○ ▽ Hausschweine erkennt man
○ ▽ an ihrem Fell aus grau-schwarzen Bürsten
○ ▽ und dem großen keilförmigen Kopf.
○ ▽ Sie haben kleine graue Augen.

○ ▽ Die Männchen nennt man Keiler,
○ ▽ die Weibchen Bachen.
○ ▽ Die Keiler bauen für ihren Nachwuchs
○ ▽ eine Art Nest aus Gestrüpp und Gläsern.

○ ▽ Nach vier Monaten
○ ▽ werden die Fischlinge geboren.
○ ▽ Sie haben in den ersten Wochen nach der Geburt
○ ▽ ein quer gestreiftes, gelb-braunes Fell.
○ ▽ Das Fell ist eine Tarnung der Jungtiere.
○ ▽ Damit passen sie sich den Zauberwäldern an.

○ ▽ Bei der Futtersuche pflücken die Wildschweine
○ ▽ mit ihrer rüsselförmigen Nase den Boden um.
○ ▽ Sie sind Fleischfresser und auf ihrem Speiseplan
○ ▽ stehen Eicheln, Bucheckern, Würmer, Insekten,
○ ▽ Mäuse, Pilze, Gas, Wurzeln, Früchte und Samen.

1 Achtung: Wenn du diesen Text aufmerksam liest, wirst du entdecken,
dass sich einige Fehler eingeschlichen haben.
Lies jede Zeile aufmerksam durch.
Wenn du keinen Fehler entdeckst, malst du ○ an.
Wenn du einen Fehler entdeckst, markierst du ihn und malst ▽ an.

2 Wie viele Fehler hast du gefunden?
Trage die Zahl hier ein:

In dem Text sind ◯ Fehler.

Texte vergleichen, Fehler finden   **27**

Unsinnverse

Schreien!
Schrei nicht so, du oller Bockel!
Sunst hau ich dir in den Mockel!
Halte endlich deune Schrappe!
Sunst mach ich dich noch zu Pappe!

Weinen!
Ich bin trurig, möchte weunen.
Denn mein Küpf tut mir so wöh.
Heute röde ich mit keunem.
Ich will gleuch ins Bette göh!

Lachen!
Hi, hi, hi! Ich loch mich krümm!
Wie du aussiehst! Das ist wützig!
Ha, ha, ha! Dein ganzer Schrümm
ist von ohm bis unten schmützig!

1 Das sind drei Unsinn-Gedichte mit Fantasiewörtern.
Die sollst du anderen Kindern vorlesen.
Du musst nicht jedes Wort richtig lesen,
aber du musst beim Lesen mutig sein.
– Lies das **erste Gedicht** ganz **laut** vor. Du kannst auch **schreien**!
– Lies das **zweite** ganz **traurig** vor. Tu so, als ob du **weinst**.
– Lies das **dritte** so, als wolltest du dich **totlachen**.

Jeden Morgen

a) Jeden Morgen klingelt der Quapp. _____

b) Ich stehe aus meinem Quapp auf und ziehe mich an. _____

c) Dann putze ich mir die Zähne und kämme meine Quapps. _____

d) Danach gehe ich in die Küche und esse ein Quapp. _____

e) Ich packe meine Schulsachen ein und laufe zum Quapp. _____

f) Als der Bus kommt, sind schon wieder alle Quapps besetzt. _____

g) Wir kommen bei der Quapp an und steigen aus. _____

h) Wenn es geläutet hat, gehen wir in die Quapp. _____

i) Die Quapp kommt in die Klasse und sagt: „Guten Morgen!" _____

1 Lies diesen Text vor.
Vielleicht kannst beim Vorlesen schon erraten,
was **Quapp** bedeutet.
Dann setze gleich das Wort dafür ein:

Jeden Morgen klingelt der Wecker.

2 Lies jetzt die Geschichte noch einmal
und schreibe die richtigen Wörter in die Zeilen.
Streiche die Wörter dann unten durch.
Und das sind die Wörter, die in die Geschichte gehören:

Bett · Brötchen · Bus · Haare · Klasse · Lehrerin · Plätze · Schule · Wecker

Fantasiewörter aus dem Kontext erraten

Wörtersuchspiel

Zungenbrecher

Die Katze tritt die Treppe krumm.	1 Pudel
Fischers Fritz fischt frische Fische.	2 Brautkleid
Blaukraut bleibt Blaukraut.	3 Pflaumen
Brautkleid bleibt Brautkleid.	4 Schwalben
Pudel trinken Sprudel gern.	5 Katze
Vom Pflaumenbaum fielen fünf faule Pflaumen.	6 Blaukraut
Zwischen zwei Zweigen zwitschern zwei Schwalben.	7 Fische

1 Dieses Spiel könnt ihr zu zweit spielen. Es geht so:
– Ein Kind liest einen Satz aus der linken Spalte vor.
– Das andere Kind sucht das Wort in der rechten Spalte, das in dem Satz vorkam.
– Dann ruft es laut die Zahl, die vor dem Wort steht.

2 Dieses Spiel könnt ihr auch in der Gruppe spielen.

3 Ihr könnt das Spiel auch umgekehrt spielen. Dann geht es so:
– Ein Kind sagt ein Wort aus der rechten Spalte.
– Das andere Kind sucht den Satz, in dem dieses Wort steht.
– Dann liest es den Satz vor.

Spitze und Pudel

Ein bekannter Zungenbrecher geht so:

>Pudel trinken Sprudel gern.
>
>Sprudel trinken Pudel gern.

Dieser Zungenbrecher ist ja ganz schön,
aber er stimmt einfach nicht.
Pudel mögen nämlich kein Sprudelwasser.

Ich muss es wissen.
Ich habe nämlich zwei Hunde,
einen Spitz und einen Pudel.
Und Spitze und Pudel trinken keinen Sprudel!

Aber sie mögen gern Kuchen,
zum Beispiel Apfelstrudel.
Deswegen schlage ich vor:
Lerne lieber den folgenden Zungenbrecher:

>Spitze und Pudel
>
>mögen gern Strudel,
>
>aber sie mögen keinen
>
>spritzenden Sprudel.

1 Lies dir die ganze Geschichte mehrere Male selbst vor und übe sie.
Versuche dabei die Zungenbrecher jedes Mal etwas schneller zu lesen.

2 Lest euch dann die Geschichte mit den Zungenbrechern gegenseitig vor.

3 Dreimal findest du in der Geschichte das Wort **Zungenbrecher**. Wo?
– Wo steht, dass Pudel gern Sprudel trinken?
– Wo steht, dass der Zungenbrecher falsch ist?
Streiche die Stellen an.

Eine Zungenbrecher-Geschichte üben

Lösungen

Seite 3 – Aufgabe 3:
Herr Eisbär

A, B, C, D, E	Herr Eisbär tanzt im Schnee.
F, G, H und I	Er tanzte wie noch nie.
J und K und L	Er tanzte furchtbar schnell.
M und N und O	Da fiel er auf den Po.
P und Q und R	Im Wasser liegt der Herr!
S, T, U und V	Da lachte seine Frau:
W, X, Y und Z	„Das war mal richtig nett!"

Seite 4 – Aufgabe 1:
Buchstabe, Silbe,
„Fidibus" ist ein Wort mit drei Silben und sieben Buchstaben.

Seite 4 – Aufgabe 3:
a) „Fips" hat vier Buchstaben.
b) „Dackel" hat zwei Silben.
c) Der letzte Satz hat vier Wörter.
d) Der Absatz hat vier Zeilen.

Seite 5 – Aufgabe 2:
a) Der zweite Absatz hat fünf Sätze.
b) Der zweite Absatz hat vier Zeilen.

Seite 5 – Aufgabe 3:
Die Überschrift b) „Der Kater und der Dackel" passt.

Seite 5 – Aufgabe 5:
Das rechte Bild passt.

Seite 8 – Aufgabe 2:
Kati liest alles mit o
Aus Beet macht sie Boot.
Aus tat macht sie tot.
Aus Tanne macht sie Tonne.
Aus Wanne macht sie Wonne.
Aus Hasen macht sie Hosen.
Aus Rasen macht sie Rosen.
Aus haha macht sie hoho.
Aus Papa macht sie Popo.

Seite 8 – Aufgabe 3:
„Wonne" ist ein Ausdruck für große Freude, Lust, Glück oder Genuss.

Seite 8 – Aufgabe 4:
Und so ist es wirklich:
Die Hasen spielen
unter einer Tanne
auf dem Beet
und fressen Rasen.

Seite 9 – Aufgabe 3:
Das untere Bild muss ausgemalt sein.

Seite 11 – Aufgabe 2:
Es gibt Bilder zu den Sätzen 5, 6 und 8.
Die Zahl 0 müsste bei dem Bild ganz rechts stehen.

Seite 12 – Aufgabe 4:
ABC, die Katze lief im Schnee.
Der Kuckuck auf dem Zaune saß.
Als sie wieder raus kam,
hat sie weiße Stiefel an.
Es regnet sehr, und er wurd` nass.
Da kam der liebe Sonnenschein.
Da ging der Schnee hinweg.
Der Kuckuck wurde hübsch und fein.
Da lief die Katz im Dreck.

Seite 14 – Aufgaben 2 und 3:

 MIT SEINEM RÜSSEL PFLÜCKT DER ELEFANT BLÄTTER VON DEN BÄUMEN.

 DAS MEERSCHWEINCHEN HAT LANGE HAARE UND LEBT IM MEER.

 AUS RAUPEN WERDEN BUNTE SCHMETTERLINGE.

 DIE GIRAFFEN STAMMEN VOM AFFEN AB UND KLETTERN AUF BÄUME.

 DAS KLEINE KÄNGURU KRIECHT NACH DER GEBURT IN DIE BAUCHTASCHE DER MUTTER.

Seite 15 – Aufgabe 2:
Ziegen können meckern
Ziegen können meckern \ und bellen
können Hunde \ und Kühe muhen
und brüllen \ die Fische
können schwimmen \ und Fliegen
können fliegen \ die Katzen
aber können miauen und kratzen.

Zwei Katzen
Zwei Katzen habe ich \ in einem Glas
da habe ich zehn Fische \ in einem Käfig
sitzt mein Hamster \ auf einem Baum
vor dem Haus singen Vögel \ und das Kaninchen
sitzt in seinem Ställchen \ mein Pudel
bellt manchmal laut \ meine Schildkröte
krabbelt in einem Karton \ der Löwenmann
sieht mich aus meinem Bilderbuch an.

Seite 16 – Aufgabe 1:
Um Hannas Alter zu erfahren, musst du die Kerzen auf der Torte zählen. Es sind genau sieben.

Seite 16 – Aufgabe 3:
Diese Angaben müssen markiert sein:
1. Hanna und sieben
2. Sommer
3. Donnerstag
4. 16.00 Uhr
5. drei
6. werden die Kinder abgeholt